CAPÍTULO 1: INTRODUCCIÓN AL EMPRENDIMIENTO DIGITAL

Transformación Digital del Emprendimiento

El emprendimiento tradicional ha experimentado una evolución significativa a lo largo de las últimas décadas. Tradicionalmente, iniciar un negocio implicaba una considerable inversión en activos tangibles: la compra o alquiler de locales comerciales, la adquisición de maquinaria, la compra de muchas herramientas y la contratación de personal eran pasos casi obligatorios para quien aspiraba a convertirse en empresario. Estos requisitos iniciales suponían barreras de entrada significativas para muchos, limitando el emprendimiento a aquellos que tenían disponibilidad de recursos financieros propios o contactos con respaldo financiero que tengan interés y confianza en ellos para invertir o prestarles dinero. En contraste, el panorama del emprendimiento actual ha cambiado drásticamente con la llegada de la era digital. Hoy en día, el enfoque se ha desplazado hacia lo intangible: la tecnología, el conocimiento y la información. La digitalización ha permitido que modelos de negocio enteros se fundamenten en plataformas digitales sin la necesidad de una ubicación física o grandes equipos de empleados. Ejemplos de esto incluyen empresas que operan totalmente en línea, como tiendas de comercio electrónico, proveedores de servicios digitales, y startups tecnológicas que ofrecen desde software como servicio, hasta soluciones de inteligencia artificial. La transición hacia el emprendimiento digital ha alterado también la naturaleza de los recursos considerados clave. Mientras que en el pasado el capital financiero podía ser el recurso más crítico, hoy día el tiempo y el conocimiento han pasado a tener una importancia capital. Este cambio democratiza el emprendimiento, abriéndolo a un espectro mucho más amplio de personas, podría decirse que al alcance de cualquiera. Individuos con menos capital inicial, pero con habilidades en áreas clave como desarrollo de software, marketing digital, o diseño gráfico pueden lanzar startups con costos iniciales mínimos. Además, la información y el conocimiento son ahora más accesibles gracias a recursos como tutoriales en línea, cursos gratuitos y plataformas de aprendizaje masivo abierto, que equipan a los emprendedores con las herramientas necesarias para competir en el mercado global.

La era digital sin dudas ha reducido las barreras financieras y al mismo tiempo ha acelerado la velocidad a la que los nuevos emprendimientos pueden llegar al mercado y escalar como nunca antes en la historia. La automatización y la inteligencia artificial permiten a los emprendedores optimizar operaciones y ofrecer servicios personalizados a una escala previamente inimaginable. Esto es evidente en cómo las startups pueden ahora operar 24/7 sin intervención humana directa, desde la atención al cliente hasta la gestión de ventas y marketing. Esta increíble transformación que hemos experimentado de una era a otra ha revolucionado tanto a los tipos de negocios posibles como también a quién puede convertirse en emprendedor. La tecnología ha nivelado el campo de juego, permitiendo que individuos de cualquier parte del mundo con acceso a internet puedan innovar y competir en la economía global. Esta evolución continúa abriendo nuevas oportunidades y desafiando las concepciones tradicionales de lo que significa ser emprendedor en el siglo XXI.

Esta nueva era que estamos viviendo, ha traído consigo una proliferación de herramientas que han transformado radicalmente el acceso a los mercados para los emprendedores de todo el mundo. Plataformas de comercio electrónico como Amazon, Shopify y Etsy, son algunos de los muchos ejemplos que permiten a cualquier persona, desde cualquier lugar, poner sus productos al alcance de una audiencia global con poco más que unos clics. Estas plataformas eliminan la necesidad de tiendas físicas y facilitan la logística, el marketing y las transacciones de ventas, democratizando el comercio de una manera nunca antes vista. Como también las redes sociales, desde Facebook e Instagram hasta TikTok y LinkedIn, han cambiado la dinámica del marketing y la interacción con el cliente. Permiten a los emprendedores crear y cultivar una marca personal o comercial con presupuestos que pueden ser casi nulos. Además, la posibilidad de segmentar audiencias con precisión y en tiempo real transforma cada mensaje en una herramienta potente de marketing dirigido. Adicionalmente, las herramientas de automatización y análisis de datos como Google Analytics, Mailchimp, y CRMs avanzados permiten a los emprendedores optimizar sus operaciones y estrategias de marketing. Estas herramientas proporcionan detalles valiosos sobre el comportamiento de los clientes, eficiencia de campañas y más, todo en tiempo real y a menudo con opciones de automatización para acciones repetitivas.

Mi Caso: Un Viaje hacia la Independencia Financiera a través del Internet

Mi travesía en el mundo del emprendimiento digital comenzó en 2018, un período en el que, como muchos, exploraba diversas formas de generar ingresos por internet. Mi objetivo no era sólo obtener un ingreso adicional, sino encontrar una vía hacia una libertad financiera más amplia. Tras varios intentos y exploraciones, a principios de 2020 descubrí el mundo de los infoproductos. Este descubrimiento no fue instantáneamente lucrativo, pero sí fue el comienzo de un cambio fundamental en mi vida laboral y personal. Con poco más que una idea y acceso a internet, comencé a profundizar en este nicho. Utilicé el computador que ya tenía y decidí invertir en un micrófono para empezar a grabar mi voz, tanto para audiolibros como para la creación de videos destinados a YouTube. Estos pasos iniciales no requirieron grandes inversiones de capital, pero sí una inversión significativa en tiempo y esfuerzo. Gradualmente, y con mucha constancia, comencé a ver cómo mi esfuerzo se traducía en un ingreso sostenible que finalmente me permitió vivir de lo que ganaba en internet.

Una de las lecciones más valiosas de este proceso ha sido la importancia de la constancia y la paciencia. Emprender en internet no ofrece gratificaciones instantáneas; se trata más bien de un esfuerzo continuo que requiere visión a largo plazo. Aprendí que no debía depender completamente de los ingresos generados en internet hasta que estos superaran de manera consistente y durante al menos seis meses mis ingresos tradicionales y mis costos de vida. Otra lección clave fue la diversificación de ingresos.

Aunque los infoproductos, como libros y audiolibros, constituían una buena fuente de ingresos, también me involucré en la creación de audiolibros para terceros y la edición de videos. Estas actividades, aunque menos constantes, proporcionaban ingresos adicionales significativos. Además, establecí una fuente de ingreso más estable y segura dando clases de español a través de Italki. Esta diversificación aseguró mi estabilidad financiera, al mismo tiempo que me protegió contra las fluctuaciones en el mercado y en la demanda específica de mis productos principales. Finalmente, cuando decidí dedicarme a tiempo completo a mis emprendimientos en internet, ya tenía múltiples fuentes de ingreso establecidas. Esta estrategia me permitió hacer la transición a la independencia financiera con mayor seguridad y confianza. Mis experiencias subrayan una verdad fundamental del emprendimiento digital: la paciencia, la diversificación y el compromiso a largo plazo son esenciales para lograr y sostener el éxito. Gracias a toda esta experiencia que he adquirido durante años, quiero compartirte los consejos, recomendaciones e información a lo largo de este libro, de una forma que sea sencillo de comprender, con datos valiosos y profundizando un poco mas en cada punto para que adquieras y tengas a tu disposición los conocimientos necesarios para desarrollarte de la mejor manera en este mundo del emprendimiento digital.

Inteligencia Artificial y la relación con el emprendimiento moderno

La inteligencia artificial, también conocido simplemente como IA, está jugando un papel crucial en el aumento de la eficiencia en numerosos procesos empresariales. Los chatbots son un claro ejemplo de esto. Implementados en sitios web y plataformas sociales, estos bots pueden manejar consultas de clientes día y noche, ofreciendo respuestas instantáneas y personalizadas sin que sea necesaria la intervención humana. Esto mejora la experiencia del cliente y reduce los costos operativos al disminuir la necesidad de grandes equipos de soporte. En la creación de contenido, la IA también está abriendo nuevas avenidas. Herramientas como DALL-E y GPT han revolucionado la creación de imágenes y textos, respectivamente. Estos programas pueden generar material visual y escrito que se ajusta a las especificaciones de los usuarios, permitiendo a los emprendedores producir contenido de alta calidad a una fracción del tiempo y costo que requerirían métodos tradicionales. Además, la IA se utiliza para personalizar ofertas a una escala individualizada, algo impensable en el pasado sin inversiones significativas. Algoritmos avanzados analizan datos de comportamiento de los usuarios para personalizar recomendaciones de productos, optimizar precios y adaptar las estrategias de marketing, lo que incrementa la conversión de ventas y la fidelización de clientes. Estos son algunos de los motivos por los cuales debes entender que la tecnología y la inteligencia artificial están, sin duda, en el corazón del emprendimiento moderno, proporcionando a los emprendedores herramientas poderosas para competir en un mercado globalizado y digitalizado.

Modelos de Negocio de Bajo Costo

Como ya mencioné, una de las transformaciones más significativas que ha traído la era digital, y que más valoro personalmente, es la capacidad de emprender con poco o ningún capital inicial. Los modelos de negocio basados en los llamados infoproductos, los cuales básicamente son productos digitales, tales como eBooks, cursos online, podcasts y contenido para plataformas de streaming, representan oportunidades excelentes para los emprendedores que buscan minimizar los costos iniciales. Los infoproductos son particularmente atractivos porque permiten a los creadores producir contenido una sola vez y venderlo repetidamente sin costos adicionales significativos de reproducción o distribución. Esta modalidad incluye desde eBooks y cursos en video hasta guías, imágenes y tutoriales en PDF. Estos productos se pueden crear con herramientas relativamente económicas o gratuitas, y su almacenamiento y distribución digitales eliminan la necesidad de un inventario físico. Los podcasts y el contenido de video para plataformas como YouTube también se incluyen en esta categoría. Estos formatos permiten a los emprendedores compartir conocimientos, entretenimiento y experiencias, construyendo una audiencia leal que puede monetizarse a través de publicidad, suscripciones o patrocinios.

Para iniciar estos emprendimientos, los recursos tecnológicos necesarios son accesibles, de bajo costo y en muchas ocasiones gratuitos. La creación de infoproductos puede requerir simplemente un computador y software específico, como procesadores de texto para eBooks o software de edición de video para cursos online. En lo que más te debes centrar, desde mi punto de vista en este ambiente, es la calidad del contenido que va a recibir el cliente o la audiencia, más que la inversión en tecnología de alta gama.

En cuanto a las plataformas para distribuir y monetizar estos infoproductos, hay infinidad de opciones, aunque varias opciones notables que podría recomendarte por su trayectoria, su tiempo en el mercado y su alncance:

- Amazon Kindle Direct Publishing: permite a los autores auto-publicar sus eBooks y alcanzar una audiencia global casi instantáneamente.

- Hotmart y ClickBank: son plataformas ideales para la venta de cursos online, proporcionando herramientas para manejar pagos y distribución de manera eficiente.

- YouTube: ampliamente conocido, ofrece una plataforma para monetizar videos mediante publicidad, membresías de canal o super chats en transmisiones en vivo.

- Redbubble y Etsy: permiten a los diseñadores y creadores vender arte y productos personalizados sin necesidad de manejar el inventario o la logística de envío.

- Findaway Voices: es una plataforma que facilita la distribución de audiolibros a una amplia red de vendedores, incluyendo Audible y Apple Books.

- UnitedMasters: proporciona a los músicos independientes la oportunidad de distribuir su música a plataformas globales como Spotify y Apple Music, mientras retienen sus derechos y una mayor parte de sus ingresos.

Estas son solo algunas plataformas que facilitan el acceso a mercados y ofrecen herramientas para la gestión, marketing y análisis de ventas, permitiendo a los emprendedores optimizar sus estrategias y maximizar sus ingresos con una inversión inicial mínima. La clave está en seleccionar la plataforma que mejor se alinee con el tipo de producto ofrecido y la audiencia objetivo.

Perspectivas Futuras

El emprendimiento digital está en constante evolución, impulsado por avances tecnológicos y cambios en el comportamiento del consumidor. Identificar y comprender las tendencias emergentes es la clave para aquellos que buscan sobrevivir y prosperar en este dinámico entorno. Una de las tendencias más significativas es la creciente integración de la inteligencia artificial en diversos aspectos del negocio. Desde la automatización de procesos hasta la personalización del servicio al cliente, la IA está configurando nuevas fronteras para la eficiencia operativa y la innovación en el servicio. Además, el uso de la realidad aumentada y virtual está comenzando a trasladarse de nichos de entretenimiento y videojuegos a aplicaciones comerciales, ofreciendo nuevas maneras de interactuar y enganchar a los clientes. Aunque al momento de desarrollar este libro no están realmente accesibles para todos, ni tampoco es algo que el publico general ya haya adoptado, pienso que en un futuro próximo serán recursos que estarán ampliamente aceptados y normalizados, por lo que hay que tenerlo en cuenta y seguirlo de cerca. Otra tendencia importante es el auge del comercio social, que aprovecha las plataformas de redes sociales para facilitar y mejorar la experiencia de compra en línea. Esto incluye desde integraciones de tiendas dentro de plataformas como Instagram y Facebook hasta el uso de influencers como vendedores y promotores directos de productos en estos espacios. Esto sí es un recurso que está muy bien desarrollado, es efectivo, ampliamente aceptado y considero que va a mantenerse a lo largo de los años. La sostenibilidad y la responsabilidad social también están cobrando mayor importancia. Los consumidores cada vez más buscan marcas que ofrezcan productos de calidad y que también, al mismo tiempo, operen de manera ética y sostenible. Esto implica una mayor transparencia en las operaciones y la adopción de prácticas más verdes en todos los aspectos del negocio.

Para mantenerse al día con la evolución tecnológica y seguir siendo competitivos, como emprendedor moderno, debes adoptar un enfoque proactivo. Esto incluye la continua educación y actualización en nuevas tecnologías y metodologías de mercado. Participar en webinars, suscribirse a publicaciones líderes en tecnología y emprendimiento, y formar parte de comunidades en línea son formas efectivas de mantenerse informado y conectado con las últimas innovaciones. Además, es esencial que los emprendedores estén dispuestos a adaptar sus modelos de negocio en respuesta a los cambios tecnológicos y de mercado. Esto puede significar desde la reevaluación de la propuesta de valor hasta la implementación de nuevas tecnologías para mejorar productos o servicios. Por ejemplo, adoptar herramientas de análisis de datos avanzadas para comprender mejor las necesidades y comportamientos de los clientes, o integrar soluciones de IA para optimizar la logística y las operaciones. La experimentación continua y la adaptabilidad no son solo recomendaciones, son pilares fundamentales en este mundo digital en donde se emprende hoy en día. Probar nuevos enfoques, tecnologías y mercados puede revelar oportunidades no exploradas y ayudar a mitigar riesgos al no depender de un solo modelo o mercado.

CAPÍTULO 2: LA MENTALIDAD DEL EMPRENDEDOR DIGITAL

Los avances tecnológicos y los cambios en las preferencias de los consumidores pueden alterar rápidamente el panorama del mercado, haciendo que lo que ayer era una estrategia efectiva, hoy pueda ser obsoleta. Los emprendedores digitales debemos estar preparados para pivotar y adaptarnos con agilidad, aceptando la incertidumbre y la volatilidad como partes integrantes del entorno operativo. Esta adaptabilidad que debemos desarrollar se extiende más allá de la simple reacción a los cambios. Implica una predisposición proactiva para anticiparse y evolucionar antes de que los cambios se conviertan en necesidades urgentes. Esta capacidad de adaptarse asegura tanto la supervivencia del negocio, como también ofrece una ventaja competitiva, permitiendo a los emprendedores capitalizar nuevas oportunidades y mitigar riesgos asociados con la inercia. Cultivar la adaptabilidad en el emprendimiento digital implica más que simplemente estar dispuesto a cambiar, requiere un compromiso continuo con el aprendizaje, el desarrollo personal y el desarrollo profesional. Esto podemos lograrlo mediante varias prácticas fáciles de aplicar:

- Aprendizaje Continuo: La educación nunca debe terminar si quieres lograr el éxito en este mundo digital. Ya sea a través de cursos en línea, webinars, conferencias o simplemente la lectura constante sobre diversos temas.

- Experimentación: La teoría sin práctica tiene un valor limitado y acostumbra ser un error común, ya que adquirir constantemente conocimientos y obtener información nueva y fresca no servirá de nada si no lo pones en práctica. Probar nuevas herramientas, plataformas y estrategias nos permite aplicar lo aprendido y también entender profundamente, con experiencia propia, lo que funciona y lo que no en un contexto real. La experimentación puede implicar desde implementar nuevas herramientas tecnológicas hasta probar diferentes enfoques de marketing o modelos de negocio.

- Feedback y Reflexión: Parte de adaptarse eficazmente implica saber escuchar y aprender de las experiencias. Recoger feedback de clientes, referentes, y otros emprendedores es crucial, en este punto puede ser muy útil mirar las reseñas y comentarios de tu competencia o futura competencia, ya que esto te puede dar una idea de lo que están haciendo mal, lo que no deberías hacer o lo que deberías perfeccionar para entregar un producto o servicio mejor. Igualmente importante es la capacidad de reflexionar críticamente sobre este feedback y las propias experiencias para integrar aprendizajes y ajustar estrategias en consecuencia.

- Flexibilidad Mental: Finalmente, cultivar una mentalidad abierta y flexible es quizás el aspecto más crítico de la adaptabilidad. Esto significa estar dispuesto a desafiar y cambiar las propias creencias y enfoques, y estar abierto a nuevas ideas y perspectivas. No se trata solo de cambiar de herramientas o estrategias, sino de estar dispuesto a repensar completamente la dirección o la visión del negocio si es necesario.

Enfrentando Desafíos

En el camino para conseguir el éxito en este maravilloso ambiente digital, la perseverancia es un atributo indispensable. Es raro que un emprendedor alcance el éxito en su primer intento; de hecho, los obstáculos y fracasos son componentes habituales del viaje emprendedor. Sin embargo, estos contratiempos no deben verse como señales de derrota, sino más bien debes abrazarlos como oportunidades esenciales de aprendizaje y crecimiento. Cada fracaso, a diferencia de lo que se acostumbra a enseñar o normalizar en la enseñanza tradicional, puede ser una fuente de conocimiento invaluable. Ya sea que un intento falle por no usar adecuadamente ciertas herramientas, por explorar un modelo de negocio que no era viable, o por adentrarse en una plataforma que no era la más adecuada, puede darte lecciones que aprender en cada paso. Los fracasos pueden revelar un nuevo tipo de negocio que nunca consideraste, llevarte a descubrir influencers, referentes y mentores que transformen tu enfoque, o el aprendizaje de nuevas habilidades que fortalecerán tus futuros esfuerzos. La capacidad de aprender de estos fracasos y perseverar a pesar de ellos es lo que eventualmente separa a los emprendedores que alcanzan el éxito de aquellos emprendedores que "fracasan" poque que abandonan prematuramente ante los primeros obstáculos que se enfrentaron. Convertir cada desafío en un escalón hacia el éxito es el objetivo de este punto.

Adicional a lo anterior, tener una mentalidad resiliente es esencial para mantenerse firme frente a los desafíos. A continuación, voy a dejarte algunas estrategias y recomendaciones que pueden ayudar a fortalecer esta cualidad:

- Sistemas de Apoyo: Rodearse de una red de apoyo sólida, no solo proporciona apoyo emocional, sino que también puede ofrecer consejos prácticos y motivación en los momentos difíciles. Esto puede incluir familiares, amigos, mentores y colegas, si es que sueles estar rodeado de personas que están alineadas con tu pensamiento o proyectos. Si tus pensamientos o ideas son totalmente diferente al de las personas con las que te sueles rodear, no te preocupes, esto es lo que me sucedió a mí y actualmente no es un problema, puedes "rodearte digitalmente" de personas cuyos pensamientos o ideales estén a fin a los tuyos. Esto es muy sencillo de encontrar, puedes buscar grupos de mensajerías de personas que les guste o sean emprendedores, como Telegram o Whatsapp, al igual que seguir personas o referentes en redes sociales, los cuales te ayudarán a mantener la motivación diaria y obtener consejos útiles.

- Manejo del Estrés: Implementar técnicas efectivas de manejo del estrés es fundamental ya que constantemente pasarás por momentos en los que los resultados o las situaciones no van a ser los que esperabas. Esto puede incluir desde técnicas de respiración y meditación hasta rutinas de ejercicio regular y hobbies que permitan desconectar y recargar energías.

- Atención Plena (Mindfulness): Esto va de la mano con el punto anterior, ya que practicar mindfulness, entre muchas otras ventajas, puede mejorar significativamente la capacidad para manejar el estrés y responder a los desafíos con un enfoque más tranquilo y centrado. La atención plena ayuda a mantener la mente en el presente, lo cual va a ser imprescindible cuando te enfrentes problemas aparentemente insuperables.

- Lectura y Aprendizaje Continuo: Personalmente, he encontrado que la lectura de libros físicos es una de las herramientas más poderosas para construir resiliencia. Esta es la opción que mejor me funciona a mi, pero tienes diferentes formatos que puedes utilizar y pueden ser totalmente efectivos para ti, ya sea a través de libros electrónicos, audiolibros o contenido en video, el aprendizaje continuo inspira y proporciona nuevas ideas y perspectivas que refuerzan la perseverancia. Cada emprendedor debe encontrar el medio que más le impacte y le resulte más beneficioso, para algunos serán los videoblogs, para otros las redes sociales o webinars.

Algo que debes diferenciar es que la perseverancia no es simplemente seguir adelante sin importar qué; es un enfoque proactivo para enfrentar y aprender de cada desafío, apoyándose en una red sólida, gestionando el estrés de manera efectiva y manteniendo una actitud de aprendizaje y crecimiento constante. Estas estrategias te ayudarán a sobrellevar los tiempos difíciles, como también te prepararán para aprovechar las oportunidades que estos desafíos inevitablemente presentan.

Visión a Largo Plazo

Aquí viene un punto de suma importancia desde mi experiencia y pensamiento, es fundamental distinguir entre las expectativas realistas y las promesas de éxito rápido y fácil que frecuentemente inundan las plataformas en línea. Estas últimas a menudo se presentan a través de imágenes de viajes lujosos, autos costosos y vidas ostentosas que pueden seducir y engañar a los aspirantes a emprendedores. Muchas de estas promesas provienen de cursos que enseñan a vender cursos en un ciclo que parece interminable y cuestionable desde el punto de vista ético. Es crucial ser escéptico frente a estos esquemas que prometen riquezas instantáneas sin un trabajo sustancial. Aunque es cierto que algunos pueden encontrar éxito financiero a corto plazo en estos modelos, a menudo no son sostenibles y podrían enfrentar regulaciones legales más estrictas en el futuro. Además, involucrarse en negocios que venden ilusiones puede dañar severamente la reputación personal y profesional, en una era donde la información y las opiniones se difunden rápidamente a nivel global, podrías quedar expuesto personalmente con fotos y videos por todo internet. Por lo tanto, es vital enfocarse en establecer objetivos realistas y a largo plazo. Estos objetivos proporcionan una base más firme para el crecimiento sostenible, como también aseguran que los esfuerzos invertidos en trabajo de tu proyecto no se desperdicien y que la reputación construida sea respetable y duradera.

Desarrollar un plan de negocio sólido puede asegurarte un crecimiento gradual y sostenible. Este plan debe estar alineado con una visión clara, apoyarse en plataformas y empresas con trayectorias probadas de confiabilidad y éxito, puede aumentar aún más las probabilidades de obtener buenos resultados. Asimismo, es importante que el producto o servicio ofrecido sea de alta calidad y cumpla con las expectativas de los clientes, lo que contribuirá a la construcción de una marca sólida y respetada. Además, es importante medir regularmente el progreso hacia los objetivos establecidos. Esto implica seguir indicadores de ventas o ingresos, evaluar la satisfacción del cliente, la efectividad de las campañas de marketing y otros indicadores clave de rendimiento. Reconocer y ajustar estrategias según las variaciones estacionales y las tendencias del mercado también es fundamental. Por ejemplo, productos físicos pueden experimentar un aumento en ventas durante la temporada navideña, mientras que el contenido de entretenimiento en plataformas como YouTube puede ver reducidas sus visualizaciones debido a que las personas están más ocupadas con actividades festivas y sociales. Por lo que una visión a largo plazo en el emprendimiento digital requiere un compromiso con la ética, la calidad y el desarrollo continuo. Establecer y seguir un plan de negocio detallado que considere tanto las oportunidades como los desafíos potenciales es la clave para construir un emprendimiento duradero y exitoso en un entorno digital en constante cambio.

Desarrollo Personal Continuo

El desarrollo personal es un pilar fundamental del éxito en el emprendimiento. Mejorarse constantemente en áreas clave como liderazgo, gestión financiera y habilidades técnicas aumenta la eficacia en la gestión del propio negocio, prepara al emprendedor para futuros desafíos, como la expansión del negocio y la gestión de equipos. A medida que un negocio crece, la capacidad de liderar eficazmente y delegar tareas se vuelve algo necesario. Además, entender la gestión financiera avanzada y tener habilidades técnicas sólidas permitirá optimizar recursos y potenciar la innovación dentro de la empresa. Uno nunca deja de aprender. La necesidad de adaptarse a nuevas tecnologías, mercados en evolución y dinámicas de equipo cambiantes significa que el desarrollo personal debe ser continuo. Por ejemplo, la capacidad de liderazgo no solo implica dirigir a otros, sino también inspirar y motivar a un equipo, especialmente cuando se transita de un modelo de negocio en el que acostumbras a trabajar solo a uno que requiere colaboración y delegación.

Para facilitar este desarrollo personal y profesional, debemos aprovechar la variedad de recursos y herramientas disponibles. La lectura de libros es una excelente manera de ganar nuevas perspectivas y profundizar en temas específicos. Los libros pueden ofrecer desde estrategias de negocios hasta inspiración y autoayuda, abarcando un espectro completo de necesidades empresariales y personales. Tomar cursos, ya sean en línea o presenciales, es otra forma efectiva de mejorar habilidades específicas o aprender sobre nuevas áreas de interés. Plataformas como Coursera, Hotmart, Udemy, o LinkedIn Learning ofrecen cursos en una amplia gama de temas que son pertinentes para los emprendedores, desde marketing digital hasta análisis de datos y más allá. Escuchar podcasts y ver videos en YouTube también son métodos accesibles para absorber nueva información, más fresca, y consejos de expertos y otros emprendedores. Estos formatos son especialmente útiles para aquellos que prefieren aprender auditivamente o visualmente y pueden ser una excelente manera de aprovechar los tiempos de traslado o las pausas en la jornada laboral.

Cada persona debe descubrir qué tipo de contenido y qué autores o referentes resuenan más con su estilo personal y necesidades. Algunos pueden preferir enfoques más racionales y basados en datos, mientras que otros pueden encontrar más valor en enfoques espirituales o motivacionales. La clave está en encontrar aquellos recursos que proporcionen tanto conocimiento, como también inspiren y motiven a seguir creciendo y adaptándose.

CAPÍTULO 3: GENERACIÓN DE INGRESOS PASIVOS

Considero que los ingresos pasivos representan una estrategia fundamental para cualquiera que busca maximizar su potencial económico sin estar constantemente atado a las exigencias de un flujo de trabajo continuo. Este tipo de ingreso permite a los individuos ganar dinero de forma continua con un esfuerzo inicial significativo seguido de un mantenimiento relativamente menor en el largo plazo. La clave de los ingresos pasivos radica en la creación de productos o servicios que requieren una inversión inicial de tiempo y recursos, pero que luego pueden venderse repetidamente sin una participación constante del creador. La belleza de los ingresos pasivos es que proporcionan una fuente de ingresos sostenible que puede seguir generando beneficios mucho tiempo después de haber completado el trabajo inicial. Esto ofrece al creador, una mayor libertad financiera, tiempo para dedicarse a otros proyectos o intereses personales y permite escalar sus negocios de manera más efectiva. Al no tener que intercambiar tiempo por dinero de manera directa y continua, puedes gestionar mejor tu tiempo y recursos, explorando nuevas oportunidades de mercado o perfeccionando productos existentes.

Para esto, existen varios tipos de productos digitales que se prestan especialmente bien para la generación de ingresos pasivos. Los libros electrónicos, por ejemplo, pueden ser escritos y publicados una vez en formato digital, pero vendidos indefinidamente tanto en formato electrónico como en formato físico, sin necesidad de ningún inventario físico o costos de reproducción significativos. Los cursos en línea también ofrecen una oportunidad similar, donde el contenido puede ser creado y estructurado para ser consumido por un número ilimitado de estudiantes a lo largo del tiempo. La música, las fotografías y el software son otros ejemplos de productos digitales que pueden ser creados y luego vendidos o licenciados de manera continua, generando ingresos recurrentes con poca intervención adicional después de su desarrollo inicial. Al igual que las ilustraciones digitales, fotos o cualquier tipo de diseño digital, los cuales también se pueden vender en ese mismo formato digital o impresos en diferentes productos físicos como remeras, buzos, tazas, vasos, calcetines, bolsos, entre muchos otros, mediante el formato de ventas llamado "impresión bajo demanda" o "Print on demand". El desarrollo de estos productos, si bien puede ser accesible gracias a las herramientas modernas y la información disponible hoy en día, requiere una inversión significativa de tiempo y esfuerzo al principio. Este esfuerzo inicial es la parte más importante, ya que la calidad del producto y su relevancia en el mercado determinarán su capacidad para generar ingresos pasivos de manera efectiva. Además, es importante tener en cuenta que la generación de ingresos pasivos también depende en gran medida del flujo de usuarios y de las estrategias de marketing empleadas. Sin una estrategia de marketing efectiva, incluso el producto digital más bien diseñado puede no alcanzar su potencial de mercado. Por lo tanto, es esencial crear un producto de alta calidad, pero a la misma vez dedicar tiempo y recursos a entender y alcanzar al público objetivo. Las tácticas de marketing digital, como el SEO, el marketing de contenidos, y las campañas de publicidad en redes sociales, son componentes cruciales que ayudan a dirigir tráfico hacia el producto y, por ende, a maximizar las oportunidades de ventas pasivas.

Es por esto que los ingresos pasivos ofrecen una excelente manera de construir una base financiera sólida y duradera. Con el producto adecuado y una estrategia de marketing eficaz, es posible establecer un flujo de ingresos que continúe beneficiando al creador mucho tiempo después de que el trabajo original haya sido completado. Esto no solo libera tiempo para otros proyectos, sino que también proporciona la seguridad financiera necesaria para explorar nuevas oportunidades con confianza.

Existen principalmente tres tipos de contenido que se pueden desarrollar: contenido de tendencias, contenido de temporada y contenido evergreen, cada uno con sus características y beneficios particulares. El contenido de tendencias es altamente dinámico y puede generar ingresos rápidos al capitalizar temas de actualidad. Por ejemplo, lanzar un curso en línea sobre la última innovación en inteligencia artificial o un video tutorial sobre cómo usar una nueva plataforma social que está ganando popularidad. Aunque este tipo de contenido puede atraer una gran cantidad de tráfico rápidamente, su relevancia tiende a decaer tan rápido como surge, limitando su capacidad de generar ingresos a largo plazo. Por otro lado, el contenido de temporada se beneficia de la demanda recurrente en ciertos períodos del año. Un ejemplo podría ser un curso en línea sobre cómo maximizar las ventas en línea durante el Black Friday o un ebook sobre recetas y decoraciones para Halloween. Este tipo de contenido tiene la ventaja de ser relevante cada año durante la temporada correspondiente, ofreciendo oportunidades regulares para generar ingresos. Por último, tenemos el contenido evergreen, es aquel que mantiene su relevancia y utilidad a lo largo del tiempo, independientemente de las tendencias o las temporadas. Este tipo de contenido es fundamental para los emprendedores que buscan construir una fuente de ingresos pasivos sostenible por años. Ejemplos de contenido evergreen podrían incluir un curso sobre la salud de tu mascota, un ebook sobre principios básicos de inversión financiera, o videos instructivos sobre mindfulness y meditación. Estos temas no solo tienen una demanda constante, sino que también atraen a nuevas audiencias a medida que más personas buscan mejorar sus habilidades o conocimientos en estas áreas.

Ahora que tienes conocimiento de los diferentes tipos de contenido que se pueden crear, es bueno saber cómo y cuándo aprovechar cada uno. Aunque recomiendo enfocarse principalmente en el contenido evergreen debido a su capacidad para generar ingresos sostenibles en el largo plazo, también es importante reconocer las oportunidades que presentan los contenidos de tendencia y temporada. El contenido de tendencia, por ejemplo, puede ser particularmente lucrativo si logras captar una tendencia emergente en su inicio. Este tipo de contenido puede proporcionar una inyección significativa de ingresos y atraer nuevo tráfico a tu plataforma de ventas o seguidores. Sin embargo, si descubres una tendencia que ya ha sido ampliamente cubierta y parece estar en declive, a menudo es mejor no invertir tiempo en ello, ya que el retorno puede no justificar el esfuerzo. En cuanto al contenido de temporada, desde mi punto de vista, este requiere una consideración cuidadosa. Es verdad que las temporadas recurrentes ofrecen oportunidades regulares de ingresos, pero la competencia puede ser feroz, ya que muchos creadores producen contenido para las mismas temporadas año tras año. Aquí, te dejo dos escenarios que podrías considerar seriamente ante la creación de contenido de temporada:

El primero es si tienes un público fiel. Esto quiere decir que, si ya cuentas con una base de seguidores o clientes que confían en tu marca o en ti, crear contenido de temporada puede ser una apuesta segura, ya que tu audiencia existente probablemente esperará y acogerá este tipo de contenido que lances, lo que puede garantizar un cierto nivel de engagement y ventas.

El segundo escenario posible es que tengas certeza de que puedes ofrecer un enfoque único o moderno. Si tienes la habilidad de reinventar temas tradicionales de manera creativa y destacar entre la multitud, el contenido de temporada puede ser una excelente manera de captar atención y diferenciarte. Por ejemplo, si se aproxima la temporada navideña, en lugar de simplemente crear guías de regalos como muchos otros, podrías explorar ángulos únicos como "regalos sostenibles" o "experiencias de navidad en realidad virtual" para atraer a un público interesado en nuevas experiencias.

Si no te encuentras en ninguno de estos dos escenarios, podría ser más prudente centrar tus esfuerzos en desarrollar contenido que no dependa de una temporada específica. Dedica tiempo a construir una base de seguidores leales o a perfeccionar tu capacidad de innovar dentro de temas temporales antes de aventurarte en este tipo de contenido.

Considero que el contenido evergreen debe formar la base de tu estrategia de contenido para una generación de ingresos duradera, pero no descartes las oportunidades que los contenidos de tendencia y temporada pueden ofrecer bajo las circunstancias adecuadas. Al equilibrar estratégicamente estos tipos de contenido, puedes maximizar el alcance y la rentabilidad de tu emprendimiento digital.

CAPÍTULO 4: CREACIÓN DE ACTIVOS DIGITALES

La creación de activos digitales ofrece una oportunidad única para los emprendedores de capitalizar sus habilidades, preferencias y estilos personales. Un aspecto fundamental en este proceso es la autoevaluación, que permite a los emprendedores comprender sus propias capacidades y decidir cómo quieren posicionarse en el mercado digital.

Realizar una autoevaluación efectiva implica una introspección profunda para identificar no solo tus habilidades y talentos, sino también tus preferencias personales para sobre cómo deseas operar en el espacio público. Algunas personas se sienten cómodas y motivadas al estar en el centro de atención, utilizando su imagen y personalidad para construir una marca visible. Este enfoque puede ser extremadamente beneficioso, ya que la autenticidad y la visibilidad pueden generar confianza y lealtad en los seguidores, facilitando así el crecimiento del negocio y abriendo puertas a oportunidades de patrocinio y colaboraciones. Por otro lado, hay quienes prefieren mantener un perfil bajo y enfocarse en la marca sin exponer su identidad personal. Esta opción puede ser atractiva para aquellos que valoran la privacidad o que simplemente no desean lidiar con las presiones y críticas que a menudo acompañan a una presencia pública prominente. Aunque este enfoque puede requerir más tiempo y esfuerzo para ganar la confianza del público debido a la falta de una conexión personal visible, ofrece la ventaja de proteger la vida personal del emprendedor, su privacidad y reducir la exposición a críticas directas. Debido a esto, la elección entre ser una figura pública o mantener el anonimato debe basarse en una evaluación cuidadosa de lo que cada uno implica y cómo se alinea con los objetivos personales y profesionales de cada uno. Preguntas como "¿Estoy dispuesto a manejar críticas públicas?" o "¿Prefiero mantener mi vida personal separada de mi marca?" son esenciales para definir el enfoque adecuado. También es crucial considerar cómo cada opción afecta a la estrategia de marketing, la creación de la marca, el bienestar personal y la sostenibilidad a largo plazo del negocio.

Para aquellos que eligen una marca personal, es vital desarrollar una piel gruesa y estrategias para manejar el escrutinio público y las críticas, lo cual puede incluir desde tener una sólida red de apoyo hasta prácticas regulares de cuidado personal, ya que tienes que saber desde un principio que las criticas siempre van a estar presentes, sin importar el nicho que estés desarrollando ni que tan bueno seas en lo que haces. Para aquellos que optan por permanecer detrás de la marca, es fundamental encontrar formas innovadoras de crear conexiones genuinas y generar confianza con la audiencia sin el beneficio de una presencia personal visible.

La creación de activos digitales es un proceso que debe estar profundamente alineado con tu conocimiento personal sobre tus fortalezas, debilidades y preferencias. Elegir conscientemente entre ser una figura pública o centrarse en la marca desde detrás de escena es una decisión que puede definir la trayectoria y el impacto del negocio digital en el largo plazo, como también tu vida personal actual y futura.

Una vez que has determinado tu perfil y cómo deseas presentarte en el mundo digital, el siguiente paso es decidir qué tipo de formato de producto es el mejor para comenzar. Aunque es probable que en el futuro vas a expandirte y explorar diferentes formatos para diversificar tus fuentes de ingresos, es crucial comenzar con el formato que mejor se adapte a tus habilidades y preferencias personales. La elección del formato puede depender en gran medida de tus fortalezas y del nivel de visibilidad pública que desees tener. Si te sientes cómodo frente a la cámara y disfrutas interactuar con una audiencia, los videos o los podcasts pueden ser una excelente opción. Estos formatos permiten una conexión directa con la audiencia y pueden ser muy efectivos para construir una marca personal fuerte. Por otro lado, si prefieres una presencia menos visible, podrías optar por crear contenidos escritos como ebooks o blogs, o dedicarte a la producción de diseños y fotografías. Estos formatos pueden no requerir que estés en el foco público y te permiten concentrarte en la calidad y creatividad del contenido sin la necesidad de interactuar directamente con tu audiencia.

Independientemente del formato elegido, es vital considerar las habilidades y herramientas que necesitarás para crear tus productos digitales, puede que necesites herramientas físicas e invertir en equipo especializado. Por ejemplo, si decides hacer videos o podcasts, un micrófono es mi mayor recomendación, debido a que la calidad del audio puede tener un gran impacto en la percepción de calidad de tu contenido. Aunque los smartphones modernos pueden grabar video de alta calidad, el audio a menudo requiere equipo adicional para alcanzar un estándar más profesional. Esto no debe ser un problema ya que si bien hay micrófonos profesionales que son de precio bastante elevado, tienes opciones de micrófonos muy accesibles y de buena calidad, para comenzar puedes conseguir micrófonos de corbata que rondan unos 30 dólares. También vas a necesitar de software y herramientas digitales, aquí la elección del software adecuado también es crucial. Para la edición de video, programas como Adobe Premiere o Final Cut Pro son estándares de la industria. Para la edición de audio, herramientas como Audacity ofrecen funcionalidades robustas, aunque pueden requerir más tiempo para eliminar ruidos de fondo sin afectar la calidad de la voz. Con el avance de la IA, existen nuevas herramientas que simplifican este proceso, aunque es importante elegir software que no comprometa la naturalidad del audio. Particularmente los softwares que yo he utilizado hasta el momento con IA, modifican mi voz y la calidad del audio, por lo que continúo utilizando Audacity e invirtiendo más tiempo en esto. En mi caso particular hago esto porque para entregar audiolibros, por ejemplo, es muy importante la calidad de audio y considero que entregar un audiolibro con una voz que parece robotizada no es un producto de calidad. Eso es solo de momento, considero que muy pronto los softwares con IA harán ese trabajo de forma excepcional ahorrándome mucho tiempo, es por eso la importancia que remarco a lo largo de este libro de ser dinámico, probar nuevas herramientas y adaptarse a los cambios ya que pueden hacer más accesibles ciertas habilidades técnicas. La inteligencia artificial está comenzando a desempeñar un papel significativo en la creación de contenido, desde la eliminación de ruidos en grabaciones hasta la generación de texto, videos y diseño gráfico, lo cual puede nivelar el campo de juego para aquellos sin formación técnica avanzada.

Independientemente del formato del producto digital que elijas o de tu perfil personal, deberías considerar el uso de las redes sociales para crear y distribuir contenido atractivo. La presencia en estas plataformas debe ser una parte integral de tu estrategia desde el principio, o cuando consideres oportuno según el desarrollo de tu proyecto, ya que el tiempo puede ser un factor determinante en esta decisión. El marketing en redes sociales es esencialmente gratuito y ofrece acceso a una audiencia amplia y diversa. Adaptar tu mensaje para cada plataforma y audiencia específica es importante para maximizar su impacto. Esto mejora la visibilidad de tu marca, al mismo tiempo te permite cultivar una comunidad leal que puede impulsar el crecimiento y la sostenibilidad de tu negocio a largo plazo. Si estás creando una marca personal, bajo mi punto de vista, la presencia en redes sociales es sumamente importante. Plataformas como Instagram y TikTok son particularmente efectivas hoy en día para este propósito. Publicar contenido regular que resuene con tu audiencia puede ayudarte a construir y mantener una relación sólida con tus seguidores, aumentando así tu influencia y visibilidad. Por otra parte, para los que trabajamos detrás de una marca, las redes sociales ofrecen una oportunidad excepcional para expandir tu público y aumentar la visibilidad de tu negocio. Una estrategia bien ejecutada puede generar tráfico significativo hacia tus plataformas de venta o sitios web, aumentando las conversiones y fortaleciendo la lealtad del cliente. A medida que tus redes sociales crecen y desarrollas un público considerable, muchas marcas buscarán asociarse contigo para promocionar sus productos o servicios. Esto puede traducirse en una nueva fuente de ingresos, que a menudo no se considera al inicio. El marketing de influencers puede incluir desde intercambios, como productos gratuitos, alojamientos o comidas, hasta pagos sustanciales en efectivo. Esta forma de ingresos puede ser especialmente lucrativa si logras negociar acuerdos y patrocinios efectivos.

Al implementar tu presencia en redes sociales, debes tener en cuenta algunas cosas:

- Elegir las Plataformas Adecuadas: No todas las redes sociales son adecuadas para cada tipo de contenido o audiencia. Elige plataformas que mejor se alineen con tu estilo de contenido y donde tu audiencia objetivo pasa más tiempo.

- Crear Contenido de Calidad: El contenido debe ser atractivo, de alta calidad y, sobre todo, valioso para tu audiencia. Esto implica entender lo que tu público quiere o necesita y cómo puedes ofrecerlo de manera única, muchas veces el contenido que se publica en cada nicho es prácticamente igual, debes intentar tener ideas frescas o que se destaquen del resto, esto lo puedes lograr con un formato de diseño diferente o con un punto de vista diferente de lo que suelen utilizar otros referentes de tu nicho.

- Mantener la Consistencia: Publicar de manera consistente es clave para mantener el interés y la participación de la audiencia. También ayuda a mantener tu marca en la mente de los consumidores. Esto no quiere decir que tengas que hacer publicaciones a cada hora o crear nuevo contenido cada día si tu tiempo no te lo permite o si tu negocio se centra en otra cosa, pero sí debes mantenerte activo y publicar periódicamente cada semana para que tu audiencia crezca y no se olviden de ti.

CAPÍTULO 5: HERRAMIENTAS DIGITALES CLAVE

En la actualidad, la inteligencia artificial se ha convertido en una herramienta esencial para cualquier emprendedor que desee optimizar su negocio en esta era digital. La IA ofrece una amplia gama de aplicaciones que pueden mejorar significativamente la eficiencia operativa, reducir costos y mejorar la experiencia del usuario. La automatización de tareas mediante IA permite a los negocios liberar tiempo humano valioso que antes se dedicaba a tareas repetitivas o rutinarias. Por ejemplo, en lugar de emplear recursos en la entrada manual de datos o en la gestión de citas y horarios, estas tareas pueden ser manejadas eficientemente por software de IA. Los chatbots, que utilizan procesamiento del lenguaje natural, lo que se asemeja a respuestas de una persona real, pueden ofrecer una experiencia de atención al cliente 24/7, respondiendo preguntas frecuentes, resolviendo problemas comunes y guiando a los usuarios a través de procesos guiados con poca o ninguna intervención humana. La personalización de la experiencia del usuario es otra área donde la

IA está marcando una diferencia significativa. Al analizar grandes volúmenes de datos, los algoritmos de IA pueden personalizar recomendaciones de productos, ajustar contenidos de marketing e incluso personalizar precios en tiempo real para maximizar la conversión y la satisfacción del cliente.

Para los emprendedores interesados en integrar IA en sus negocios, existen diversidad de plataformas accesibles que ofrecen soluciones robustas adaptadas a pequeñas empresas. Algunos ejemplos, tomando en cuenta empresas de renombre a nivel mundial pueden ser las siguientes:

- Google AI: Proporciona herramientas que pueden ser utilizadas para análisis predictivo, procesamiento del lenguaje natural y mucho más, haciendo que la tecnología de IA sea accesible para desarrolladores con diferentes niveles de habilidad técnica.

- OpenAI: Ofrece plataformas como GPT, que puede generar textos que imitan la escritura humana a un nivel avanzado, útil para todo desde la creación de contenido hasta el soporte al cliente automatizado.

- IBM Watson: Watson es conocido por su capacidad para integrarse en una variedad de industrias, proporcionando soluciones desde atención al cliente hasta análisis de tendencias de mercado.

- Microsoft Azure AI: Un conjunto de herramientas y servicios que permite a las empresas construir y desplegar aplicaciones de IA que pueden escalar según las necesidades del negocio.

Estas herramientas de IA son más accesibles de lo que muchos podrían pensar, con muchas ofreciendo planes gratuitos para emprendedores que están empezando, así como versiones de pago que proporcionan capacidades adicionales, más velocidad, eficiencia mejorada y acceso a más recursos. Aunque no solo deberías quedarte con estas de renombre, muchas plataformas surgen constantemente ofreciendo opciones de herramientas innovadoras y de buena calidad. Entender y utilizar la inteligencia artificial no debería verse como una opción, sino como un componente crítico de cualquier estrategia de negocio moderna. Al abrazar estas tecnologías, los emprendedores pueden mantenerse competitivos, adelantarse a las tendencias del mercado y optimizar sus operaciones de manera significativa.

La capacidad de crear contenido atractivo, de alta calidad y sin conocimientos profesionales, es más accesible que nunca, gracias a una variedad de herramientas avanzadas que se ofrecen en la actualidad. Desde la creación de imágenes y videos hasta la producción de música y textos, los emprendedores tienen a su disposición un arsenal de opciones que facilitan la creación de medios sin necesidad de habilidades técnicas profundas en cada área. Solo por dar algunos ejemplos en determinadas áreas, tenemos las siguientes, aunque estas opciones pueden haberse quedado en el tiempo dependiendo de cuando estes obteniendo esta información.

- Para la creación de imágenes y diseño gráfico, herramientas como Adobe Creative Cloud y Canva ofrecen capacidades extensas, desde la edición de fotos hasta el diseño de gráficos para redes sociales y material de marketing. Estas plataformas también están integrando funciones de inteligencia artificial que simplifican procesos como la selección de colores, el recorte inteligente, la creación de diseños adaptados a las últimas tendencias e incluso creación de videos o fotos a partir de texto.

- En la edición de video, programas como Final Cut Pro brindan capacidades profesionales que antes estaban limitadas a los expertos en multimedia. Además, plataformas de IA como Runway, Pika Labs y Sora están emergiendo con herramientas enfocadas crear videos únicos a partir de texto, una innovación que podría revolucionar cómo los emprendedores generan contenido video sin necesidad de grandes equipos de producción.

- Para la creación de música, existen herramientas como GarageBand y FL Studio, que, junto con plataformas de IA como Amper Music, permiten a los usuarios componer música sin tener conocimientos avanzados en instrumentación o composición.

- En la generación de texto, la inteligencia artificial está desempeñando un papel transformador con plataformas ya reconocidas y mencionadas como OpenAI con su ChatGPT y otros sistemas como

Copilot y Gemini, que ayudan en la creación de contenido escrito, desde blogs hasta guiones y contenidos para redes sociales.

Utilizar estas herramientas para mejorar la presencia en línea y el marketing digital requiere una estrategia bien pensada para que que debes tener en cuenta algunas consideraciones clave como las siguientes:

Definir el público objetivo: Conocer a quién va dirigido el contenido es fundamental para determinar qué tipo de medios crear y qué mensajes transmitir. Esta claridad ayuda a utilizar las herramientas de creación de contenido de manera más efectiva y dirigida.

Integración de contenido en múltiples plataformas: No basta con crear contenido; es esencial distribuirlo de manera efectiva. Las herramientas modernas permiten adaptar el contenido a diferentes plataformas (como Instagram, YouTube, TikTok, LinkedIn) sin tener que empezar desde cero para cada una.

Optimización basada en análisis de datos: Utilizar herramientas de análisis para entender cómo el contenido está funcionando y adaptarse en consecuencia. La gran mayoría de las plataformas de creación de contenido tienen integraciones analíticas que permiten ver el rendimiento del contenido en tiempo real.

Implementar estas herramientas mejora la capacidad de producir contenido de calidad, optimiza los esfuerzos de marketing y fortalece la conexión con el público. En esta época donde el contenido es rey, dominar estas herramientas puede ser un gran diferenciador. También hay que tener en cuenta que para que un negocio digital se mantenga relevante y competitivo, es crucial estar al tanto de las últimas tendencias del mercado. Utilizar herramientas de análisis de tendencias nos permite como emprendedores identificar rápidamente qué temas están ganando tracción en la industria y ajustar las estrategias de marketing y desarrollo de productos de manera acorde. En este segmento creo que no hay tanta variedad o al menos las mejores herramientas suelen ser las mismas que usan todos, aquí voy a dejarte las que se suelen utilizar más por si todavía no estas familiarizado con las mismas:

- Google Trends, es una herramienta invaluable para explorar la popularidad de ciertos términos de búsqueda en Google a lo largo del tiempo o en fechas específicas. Esto puede dar una idea clara de cuándo una tendencia está empezando a ganar interés y cuándo está decayendo, lo que es crucial para el timing de campañas de marketing y lanzamientos de productos.

- BuzzSumo, ofrece detalles sobre qué contenido es más compartido en las redes sociales, permitiendo a las personas que utilicen esta herramienta entender qué tipos de temas y formatos resuenan más con el público. Esto puede ayudar a guiar la creación de contenido y las estrategias de publicación.

- Las herramientas de análisis de redes sociales como Hootsuite, Sprout Social o Buffer, proporcionan análisis detallados y adicionales sobre el rendimiento de los contenidos publicados en plataformas sociales, ayudando a identificar las mejores prácticas y los temas más efectivos para enganchar al público objetivo.

Dado que prácticamente todos los negocios digitales tienen el potencial de alcanzar una audiencia global, la capacidad de comunicarse efectivamente en varios idiomas se convierte en un activo crucial. Las herramientas de traducción no solo ayudan a traducir contenidos de manera eficiente, sino que también pueden ayudar a que los mensajes conserven su contexto y relevancia cultural.

- DeepL y Google Translate, son herramientas de traducción automática que han mejorado significativamente en términos de precisión y fluidez. Estas herramientas las recomendaría para ser utilizadas en traducir como títulos, descripciones de productos, publicaciones en blogs, emails y otros materiales de marketing. Aunque no recomiendo para nada para traducciones literarias, al menos de momento que no han integrado IA en estas opciones.

- ChatGPT en su versión premium, es la que más recomiendo ya que incluye capacidades avanzadas de comprensión del lenguaje, puede ser particularmente útil para traducciones que requieren un mayor nivel de precisión contextual, como por ejemplo traducciones literarias. Este tipo de IA puede interpretar y traducir textos con una comprensión más profunda del significado y la intención original, lo que es crucial para mantener la coherencia y la efectividad del mensaje en diferentes idiomas.

Estas herramientas de traducción son esenciales para traducir palabras de un idioma a otro y para adaptar el contenido de manera que resuene culturalmente con cada audiencia específica. Esto es parte de un proceso más amplio conocido como localización, que es muy importante para los negocios que buscan expandirse en mercados internacionales.

Cada tipo de emprendimiento, dependiendo del sector, tamaño del negocio y objetivos específicos, requerirá un conjunto particular de herramientas digitales. La clave para maximizar la eficiencia y la efectividad es elegir y configurar estas herramientas de manera que se alineen perfectamente con las necesidades específicas del negocio. Antes de seleccionar cualquier herramienta, debes realizar una evaluación detallada de las necesidades del negocio. Esto incluye entender los procesos clave que necesitan automatización, los tipos de datos que se deben gestionar, y la naturaleza de la interacción con los clientes. Una vez que las necesidades están claras, el siguiente paso es investigar las herramientas disponibles que pueden satisfacer estas necesidades. Muchas herramientas digitales ofrecen opciones de personalización que permiten adaptarlas a las especificaciones exactas del negocio. Aprovechar estas características puede mejorar significativamente la relevancia y utilidad de la herramienta. También es importante considerar cómo se integrarán nuevas herramientas con las existentes. La capacidad de integrar sin problemas distintos sistemas puede reducir la redundancia de datos y mejorar el flujo de trabajo.

La tecnología evoluciona cada día y cada vez más rápido, y con ella, las herramientas y plataformas que tenemos disponibles los emprendedores. Mantenerse actualizado con los últimos desarrollos tecnológicos es realmente importante para que asegures que tu negocio continúa operando de manera eficiente, como también para aprovechar nuevas oportunidades que pueden surgir con innovaciones emergentes. Debes dedicar tiempo regularmente para aprender sobre nuevas tecnologías y actualizaciones de herramientas existentes. Al personalizar y actualizar continuamente las herramientas digitales, los emprendedores pueden asegurarse de que su negocio se mantiene al día con la tecnología para maximizar su potencial operativo, competitivo y que al mismo tiempo optimiza su trabajo.

CAPÍTULO 6: SELECCIÓN DE PLATAFORMAS Y ALIANZAS

La elección cuidadosa de plataformas tecnológicas y la formación de alianzas estratégicas son un punto determinante para cualquier emprendedor digital que busque establecer o expandir su negocio. La decisión de qué plataformas utilizar y con qué empresas asociarse puede tener un impacto significativo tanto en el comienzo, como en el crecimiento y la estabilidad de tu emprendimiento. Al evaluar las diferentes opciones de plataformas, es esencial considerar su historial y reputación. Una plataforma con un historial probado de estabilidad y excelente servicio al cliente ofrece una base más segura para operaciones empresariales. La reputación de una plataforma puede ser un indicativo de su fiabilidad y del nivel de confianza que los usuarios pueden depositar en ella. Para nosotros como emprendedores, trabajar con plataformas que son bien percibidas en la industria puede aumentar la credibilidad de tu propio negocio, aunque todavía nadie te conozca. Además, la seguridad y la confiabilidad son aspectos que no se pueden subestimar. En un mundo donde los datos son un activo valioso y las transacciones financieras en línea son omnipresentes, elegir una plataforma que ofrezca robustas medidas de seguridad es imprescindible. Esto implica asegurar que los datos personales y financieros de los usuarios estén protegidos contra accesos no autorizados y amenazas cibernéticas. Una plataforma que prioriza la seguridad protege al negocio de posibles pérdidas económicas y daños a su reputación, al mismo tiempo que fortalece la confianza de los clientes. Piénsalo un minuto, ¿Quién querría colocar los datos de su tarjeta de crédito en una plataforma de dudosa seguridad?

Además de la reputación y seguridad, otro punto que debemos tener en cuenta al tomar estas decisiones es entender y evaluar las estructuras de costos de las plataformas que elegimos para comenzar a desarrollar nuestro negocio. Las tarifas fijas, porcentajes de comisión y modelos freemium son comunes en este ámbito, y cada uno de estos modelos tiene implicaciones distintas para el retorno de la inversión y la planificación financiera. Las tarifas fijas suelen ser predecibles y permiten una fácil contabilidad y presupuestación. Sin embargo, pueden representar un costo significativo inicial que no necesariamente escala con el crecimiento del negocio. Los modelos basados en comisiones, por otro lado, implican que la plataforma cobra una porción de cada venta o transacción. Este modelo puede ser más atractivo para negocios que están empezando y aún no tienen un flujo de ingresos alto o constante, ya que los costos están directamente vinculados con los ingresos generados, aunque puede no ser muy atractivo cuando se están teniendo buenos números de ventas. Por último, los modelos freemium ofrecen servicios básicos sin costo y cobran por funcionalidades adicionales. Este modelo puede ser efectivo para atraer a usuarios que más tarde pueden convertirse en clientes pagos, pero requiere un análisis cuidadoso para asegurarse de que los servicios premium realmente ofrecen valor agregado que los clientes están dispuestos a pagar.

Otro aspecto importante a considerar son los tiempos de pago que ofrecen las plataformas, ya que estos pueden impactar significativamente el flujo de caja del negocio y en tus finanzas personales si estas dependiendo de estos ingresos. Algunas plataformas pueden pagar cada quince días, mientras que otras, como algunas de streaming, pueden hacerlo al cierre del trimestre. Conocer estos detalles nos permite planificar adecuadamente nuestras finanzas y evitar sorpresas que podrían afectar la operatividad del negocio. Por ejemplo, si los pagos se realizan al final de cada trimestre, el negocio debe asegurarse de tener suficiente capital de trabajo para cubrir sus operaciones durante ese período. Esto puede incluir gastos operativos, gastos fijos mensuales, y otros costos que no esperan. Entender y manejar estas variables con inteligencia ayuda a mantener la salud financiera del emprendimiento, como también posiciona al negocio para un crecimiento sostenible y una mayor estabilidad.

Evaluar el alcance geográfico de una plataforma es otro factor crítico que debemos considerar al seleccionar dónde y cómo distribuir nuestros productos digitales. Algunas plataformas tienen un enfoque muy localizado o están restringidas a ciertos países, lo que puede ser beneficioso para negocios que apuntan a un mercado específico, pero limitante para aquellos que buscan una expansión más amplia. Para aquellos emprendimientos que aspiran a alcanzar un mercado global desde un comienzo, puede ser necesario utilizar múltiples plataformas que ofrecen un alcance más extenso. Esto maximiza la visibilidad del producto, al mismo tiempo que diversifica las fuentes de ingreso, reduciendo el riesgo asociado con depender de un solo mercado o plataforma. En casos donde manejar múltiples plataformas directamente puede ser demasiado complejo o consumidor de tiempo, hoy tenemos a nuestra disponibilidad la opción de asociarnos con distribuidores que pueden manejar la logística de distribución a cambio de una comisión sobre las ventas. Estos distribuidores tienen alianzas con varias plataformas de alto alcance y alta reputación, generalmente las más importantes del nicho a nivel global, lo que puede facilitar significativamente el proceso de alcanzar a un público más amplio sin la necesidad de gestionar cada relación de plataforma individualmente, lo que puede ahorrar mucho tiempo valioso el cual se puede utilizar para seguir desarrollando productos. Algunos ejemplos de estos distribuidores pueden ser Draft2Digital, el cual está especializado en la distribución de eBooks y libros físicos, esta plataforma puede colocar productos en una variedad de minoristas en línea, como Amazon, Apple books o Everand, ampliando significativamente el alcance de los libros publicados. Por otra parte, tenemos Findaway Voices y Author's Republic, las cuales son útiles para los autores de audiolibros que buscan distribuir sus trabajos a través de una red extensa de audiobook retailers, streamings y bibliotecas, todas las plataformas mas importantes a nivel global como Audible, Apple books, Spotify, Audiobooks.com, entre muchas otras. Y también está UnitedMasters, para los músicos, ofrece servicios que permiten a los artistas independientes distribuir su música a través de plataformas líderes como Spotify, Apple Music, Deezer y otras, manteniendo al mismo tiempo un grado de control sobre sus derechos que no es posible a través de contratos de grabación tradicionales. Sin embargo, es importante que consideres cuidadosamente las comisiones que estos distribuidores toman, y evalúes si los beneficios de llegar a un público más amplio justifican el costo. Además, debes asegurarte de que los términos del acuerdo con cualquier distribuidor se alineen con los objetivos a largo plazo del negocio y no comprometan la sostenibilidad financiera.

Utilizar métricas para evaluar el rendimiento de las plataformas es una práctica esencial que debes empezar a implementar y normalizar. Establecer objetivos claros, ya sean diarios, semanales, mensuales o anuales ayuda a trazar una ruta clara y a medir el progreso, permitiéndonos saber si realmente estamos aprovechando bien nuestro tiempo y nuestros recursos. Esta información es vital para tomar decisiones inteligentes y para ajustar estrategias en tiempo real, asegurando que el negocio se mantenga en curso, se adapte y evolucione con las condiciones cambiantes del mercado. Casi todas las plataformas digitales proporcionan algún tipo de análisis de métricas, aunque el nivel de detalle varía significativamente de una plataforma a otra. Por ejemplo, YouTube ofrece un conjunto extenso de herramientas analíticas que permiten a los creadores ver desde las vistas y el tiempo de visualización hasta datos demográficos avanzados y patrones de interacción. Por otro lado, algunos distribuidores pueden ofrecer menos detalles, proporcionando información más general sobre las ventas, los ingresos y no mucho más que eso. Es determinante que te familiarices con las herramientas analíticas disponibles en cada plataforma que utilices y aprendas a interpretar estos datos eficazmente. Estas métricas pueden ofrecer detalles valiosos sobre lo que funciona y lo que no, permitiéndote como emprendedor que puedas optimizar tus ofertas y estrategias de marketing. Por ejemplo, si las métricas revelan que cierto tipo de contenido genera una mayor interacción o conversión, puedes decidir producir más de ese tipo de contenido o simplemente centrarte en hacer mejor o mayor cantidad de marketing de esos mismos productos. De igual manera, si los datos muestran que una plataforma no está rindiendo según lo esperado, puede ser necesario reconsiderar la presencia en esa plataforma. Además, es fundamental mantener la flexibilidad para hacer ajustes o incluso cambiar de plataformas si las circunstancias del negocio lo requieren. Las métricas no son solo números en un informe, sino que son una herramienta esencial de diagnóstico que pueden ayudar a mejorar y direccionarnos continuamente, escalar nuestro negocio y maximizar el retorno sobre la inversión. Al aprovechar estas herramientas analíticas y mantener una actitud proactiva y flexible hacia la innovación y la adaptación, podemos mantenernos competitivos y ágiles en el mercado.

CAPÍTULO 7: EL TRABAJO DURO Y LA PACIENCIA

Como subrayé anteriormente, a menudo el emprendimiento digital es glorificado en redes sociales y otros medios con imágenes de éxito rápido y esfuerzo mínimo, aunque en realidad, en la mayoría de los casos, es un camino que exige una dedicación y paciencia extremas para alcanzar un éxito sostenible. Este mito del éxito instantáneo puede ser engañoso, especialmente para quienes son nuevos en el mundo del emprendimiento. La realidad es que, aunque algunos pueden ganar dinero rápidamente, a menudo se debe a que venden la ilusión de un estilo de vida lujoso y accesible a otros que buscan alcanzar ese mismo "éxito". Lo que no se menciona es que estos productos, como cursos o libros sobrevalorados, contienen información que podría encontrarse gratuitamente en YouTube o en libros disponibles en cualquier librería e idioma a una fracción de costo. Esta estrategia de negocio se basa en enseñar a otros a vender la misma "fórmula de éxito" en un ciclo continuo que carece de sustentabilidad real y de valor genuino. Desde mi experiencia personal, puedo afirmar que establecer fuentes de ingreso en el ámbito digital lleva tiempo y esfuerzo considerable. Por ejemplo, el proceso para monetizar un canal de YouTube puede ser más largo de lo que muchos anticipan. Aunque se invierta mucho tiempo, los requisitos mínimos de YouTube para la monetización suelen tardar, en promedio, unos 9 meses en cumplirse. Este período incluye la creación y publicación periódica de contenido, algo que no se logra sin una dedicación significativa. En mi caso, me llevó 11 meses y más de 80 videos finalmente monetizar mi canal. Este ejemplo subraya la importancia de la perseverancia y la visión a largo plazo en el emprendimiento digital. No es suficiente simplemente lanzar un producto o iniciar un canal; es crucial mantener un compromiso continuo y estar dispuesto a invertir en el crecimiento y la mejora constante de su oferta. El trabajo duro y la paciencia son esenciales para superar los desafíos iniciales y para asegurar que el negocio sea sostenible a largo plazo. Si bien las recompensas pueden ser significativas, incluyendo mayor libertad y conocimiento, lograrlas requiere una ética de trabajo rigurosa y una dedicación inquebrantable. Es vital entender que el verdadero éxito en el emprendimiento digital rara vez es instantáneo y que las imágenes de éxito fácil que a menudo se promueven no reflejan la realidad del esfuerzo requerido.

Basado en mi experiencia puedo decir que la perseverancia es sin duda una de las cualidades más cruciales. Esta persistencia frente a desafíos y retrasos ayuda a superar los obstáculos iniciales, lo cual es esencial para construir un negocio sólido y duradero. La perseverancia asegura que se pueda alcanzar una sostenibilidad a largo plazo, evitando ceder ante la desmotivación que pueden producir los retos y la falta de resultados inmediatos.

Estrategias para Mantener el Curso

Me gustaría darte algunas de las estrategias que me sirvieron personalmente para mantener la motivación alta y continuar perseverando, especialmente cuando los resultados no son inmediatos, necesitarás de técnicas y estrategias que pueden ayudarte a mantenerte en el camino hacia el éxito. Estas pueden ser bastante conocidas, pero realmente son eficientes.

Establecer Metas Claras: Tener metas bien definidas es fundamental. Estas metas deben incluir objetivos a corto y largo plazo que sean realistas y alcanzables. Las metas a corto plazo proporcionan puntos de control frecuentes que ayudan a mantener la motivación, mientras que las metas a largo plazo ofrecen una visión y dirección generales que guían todas las actividades y esfuerzos.

Celebrar Pequeños Logros: Cada pequeña victoria puede ser un poderoso motivador. Esto podría ser algo tan simple como completar una tarea difícil, alcanzar un hito menor, o recibir un comentario positivo de un cliente. Celebrar estos logros y darle importancia a cada uno ayuda a construir confianza y mantiene el entusiasmo.

Dividir Grandes Proyectos en Tareas Más Pequeñas: Grandes proyectos pueden ser abrumadores y desmotivadores si se los considera en su conjunto. Dividirlos en tareas más pequeñas y manejables puede hacer que el proceso parezca menos intimidante y facilitar la percepción de progreso.

Mantener un Equilibrio Saludable: Evitar el agotamiento es esencial para la perseverancia a largo plazo. Esto incluye mantener un equilibrio saludable entre el trabajo y la vida personal, asegurando suficiente tiempo para el descanso, la recreación y las relaciones personales.

Revisión y Ajuste de Estrategias: Ser flexible y estar dispuesto a ajustar las estrategias según sea necesario es parte de la perseverancia. Evaluar regularmente el progreso hacia las metas y estar dispuesto a hacer cambios puede ayudar a mantener el negocio relevante y en camino hacia el éxito.

Implementando estas estrategias, probablemente vas a fortalecer tu perseverancia y asegurar que puedas mantener el curso, incluso frente a desafíos prolongados o resultados que tardan en materializarse. La perseverancia no es solo seguir adelante cuando es fácil, sino también tener la determinación de continuar trabajando hacia los objetivos, especialmente cuando es difícil.

Trabajo Constante y Metódico

La estructuración de una rutina de trabajo sólida y la adhesión a un plan de negocio meticuloso son fundamentales para que aspires a alcanzar y mantener el éxito. Implementar métodos que mejoren la eficiencia y efectividad del tiempo de trabajo puede hacer una gran diferencia en la productividad diaria y, por ende, en los resultados a largo plazo del negocio. Uno de los métodos más efectivos para gestionar el tiempo es el método Pomodoro. Esta técnica se basa en la idea de dividir el trabajo en bloques de tiempo focalizados, separados por breves períodos de descanso. Tradicionalmente, el método sugiere trabajar durante 25 minutos seguidos, complementado por un descanso de 5 minutos. Después de cuatro de estos ciclos, se toma un descanso más largo, de unos 15 a 20 minutos. Esta estructura ayuda a mantener la concentración y a reducir el agotamiento mental, permitiendo que la mente se recargue y refresque regularmente. Adaptar y personalizar el método Pomodoro a tus necesidades personales y ritmos de trabajo puede incrementar aún más tu efectividad. Por ejemplo, algunas personas, descubren que son más productivas durante la mañana y pueden beneficiarse de períodos de trabajo más prolongados seguidos de descansos también más extensos, ajustando los tiempos de trabajo y descanso según su energía y concentración a lo largo del día. En mi experiencia, he encontrado que trabajar en bloques de 50 minutos por la mañana, seguidos de un descanso de 10 minutos, funciona excepcionalmente bien, mientras que por la tarde, cuando mi energía comienza a decaer y mi agotamiento mental se hace más notable, reduzco la duración de cada sesión de trabajo.

Es vital durante los períodos de trabajo mantenerse libre de distracciones. Una recomendación clave es mantener el celular en silencio o incluso fuera de alcance para evitar interrupciones que puedan romper el flujo de tu concentración. Además, utilizar un temporizador con alarma puede ser muy útil para no tener que chequear constantemente el reloj, lo que también puede ser una distracción en sí misma. Establecer estas pequeñas reglas y ser disciplinado en su seguimiento puede maximizar la eficacia de cada sesión de trabajo. La flexibilidad es esencial en este proceso. Experimentar con diferentes duraciones de bloques de trabajo y descanso puede ayudar a encontrar el equilibrio perfecto que maximice tu productividad sin llegar al agotamiento. A medida que te adaptes a este método y observes los beneficios, es posible que desees hacer ajustes para optimizar aún más tus rutinas de trabajo. Ten en cuenta que la clave del éxito para este trabajo independiente que quieres desarrollar no solo reside en qué tan duro trabajas, sino en cómo trabajas. Implementar técnicas efectivas de gestión del tiempo como el método Pomodoro y adaptar estas estrategias para satisfacer tus necesidades individuales puede transformar radicalmente tu productividad y, por extensión, el éxito de tu negocio.

CAPÍTULO 8: ESTRATEGIAS PARA LA EXPANSIÓN

Una estrategia clave para expandir la audiencia o la base de clientes de un negocio digital es la adaptación de productos a nuevos formatos, lo que puede abrir significativamente nuevos canales de mercado y atraer a un público mucho más amplio. Esta reformatización nos permite aprovechar los productos que ya creamos para presentarlos en formas que se alinean mejor con las preferencias y comportamientos de consumo de diferentes audiencias globales. Por ejemplo, convertir libros tradicionales en audiolibros puede captar a aquellos consumidores que prefieren el contenido auditivo, ideal para escuchar mientras viajan o realizan otras actividades. Esta transformación extiende la vida y el alcance del contenido original, así como también lo hace accesible para personas con discapacidades visuales, de lectura o para aquellos que simplemente prefieren escuchar en lugar de leer. De manera similar, transformar ebooks en cursos en línea puede atraer a un segmento de clientes que valoran el aprendizaje estructurado, interactivo y presentado por una persona visible. Estos cursos pueden ofrecer valor añadido, como videos interactivos, quizzes y foros de discusión, que no están disponibles en formatos más estáticos como los ebooks. Además, para los diseñadores gráficos que venden impresiones o diseños en plataformas de print on demand, adaptar estos diseños para su venta en bancos de imágenes puede abrir nuevas oportunidades de mercado. Esto permite que los diseños sean utilizados por un público más amplio, incluidos profesionales del marketing y empresas que buscan contenido visual para sus campañas y productos. En el ámbito musical, los artistas que tradicionalmente lanzan su música en plataformas como Spotify o Apple Music podrían considerar crear videos para sus canciones y distribuirlos, por ejemplo, en YouTube. Esta estrategia no solo aumenta la visibilidad de su música, sino que también aprovecha el enorme tráfico de usuarios de YouTube, que pueden no estar activamente buscando nueva música en plataformas de audio tradicionales.

Este enfoque de adaptabilidad no requiere que los emprendedores inviertan incontables horas en el desarrollo de nuevos productos desde cero. En cambio, se centra en modificar y expandir los formatos de los productos existentes para satisfacer las diversas necesidades y preferencias de un público global. Además, entender que diferentes personas consumen diferentes formatos debido a su estilo de vida, disponibilidad de tiempo, o relación con la tecnología, es fundamental para personalizar las ofertas de productos, maximizar el alcance y, lo más importante para cualquiera de nosotros, las ventas y, por ende, nuestros ingresos. Al adaptar los productos a diversos formatos y canales, los negocios inevitablemente van a incrementar sus ganancias y fortalecer su presencia en múltiples segmentos de mercado, haciendo que su marca sea más versátil y accesible para una variedad de consumidores en todo el mundo.

CAPÍTULO 9: PREPARÁNDOSE PARA EL FUTURO

Algo que voy a recalcar como muy importante es que te mantengas al día con las últimas tendencias y avances tecnológicos. Esta vigilancia tecnológica continua asegurará que tu negocio permanezca relevante, que también te dará oportunidades para innovar y mejorar, proporcionando ventajas competitivas y significativas tanto en el mercado, como también sobre tus competidores. Estar informado sobre los últimos desarrollos tecnológicos y las tendencias es de lo más importante para un emprendedor de la era moderna. Las innovaciones tecnológicas pueden transformar industrias enteras, cambiar la manera en que interactuamos con los clientes y alterar las expectativas del mercado. Estar al tanto de estas tendencias no solo es vital para evitar la obsolescencia, sino también para identificar oportunidades de crecimiento y expansión. Por ejemplo, la adopción temprana de tecnologías emergentes como la inteligencia artificial, el aprendizaje automático o las soluciones de blockchain puede abrir nuevas vías para automatizar procesos, personalizar experiencias de usuario o mejorar la seguridad de las transacciones en línea. Cada una de estas tecnologías tiene el potencial de ofrecer beneficios significativos, como reducción de costos, aumento de eficiencia y acceso a nuevos mercados. Además, las tecnologías emergentes pueden presentar nuevas herramientas y recursos que facilitan la expansión del negocio y la optimización de las operaciones. Estas herramientas pueden ayudarnos a ganar más dinero, ahorrar tiempo y reducir el esfuerzo requerido para realizar tareas complejas o repetitivas.

Para mantenerse al frente de estas tendencias, mi consejo es que establezcas rutinas de aprendizaje y actualización constante. Esto implica seguir canales de YouTube especializados, tener en cuenta algunos perfiles en redes sociales que se centran en tecnología e innovación, o suscribirse a blogs y páginas web de noticias tecnológicas. Estos canales pueden proporcionar información valiosa y actualizada que podría mantenerte por delante de los competidores. Por ejemplo, seguir a influencers tecnológicos y líderes de pensamiento en plataformas como LinkedIn o X (antes conocido como Twitter) puede ofrecer insights únicos y avances sobre las tendencias emergentes. Del mismo modo, los boletines de noticias tecnológicas pueden proporcionar análisis profundos y estudios de caso que ilustran la aplicación práctica de nuevas tecnologías en diferentes sectores.

Finalmente, adoptar una mentalidad de expansión y modernización continua es de suma importancia si deseas estar al mismo ritmo de la evolución tecnológica y liderar en los respectivos campos donde te desenvuelves. Esta mentalidad implica más que simplemente estar al tanto de las últimas tendencias, requiere una disposición para adaptar y reformular constantemente el modelo de negocio en respuesta a los cambios rápidos y a menudo disruptivos en el panorama tecnológico y de mercado. Para lograr esto, debes mantener una flexibilidad total en tu enfoque, siempre buscando expandir y mejorar todos los aspectos de tus operaciones. Como ya lo vimos a lo largo de los capítulos, esto incluye la adaptación de productos a diversos formatos para aprovechar nuevas oportunidades en diferentes plataformas y medios. Por ejemplo, lo que comienza hoy como un simple ebook podría transformarse en una serie de vídeos, un curso en línea interactivo o incluso una aplicación móvil, cada formato adaptado a las preferencias de diferentes segmentos del mercado. Además, la globalización del mercado digital significa que ya no basta con pensar solo en el ámbito local o nacional. Indudablemente debes considerar la adaptación de tus productos a diferentes idiomas y culturas, lo que no solo amplía tu mercado potencial, sino que también fortalece la resiliencia del negocio frente a las fluctuaciones del mercado local. Esto puede implicar desde la localización de contenido web hasta la creación de versiones específicas de productos para cumplir con las expectativas y normativas de otros países. La clave para implementar esta expansión y modernización efectiva es la experimentación continua con nuevas herramientas y enfoques. La tecnología digital ofrece abundantes opciones de recursos que pueden ser utilizados para innovar y mejorar la eficiencia. Herramientas de inteligencia artificial para la personalización de la experiencia del cliente, plataformas de automatización para optimizar las operaciones internas y soluciones de análisis de datos avanzados para tomar decisiones más eficientes, son solo algunos ejemplos de cómo los emprendedores de esta nueva era pueden utilizar la tecnología para su ventaja competitiva.

Este libro fue creado con un propósito claro: ayudarte y facilitarte en el camino para convertirte en un emprendedor de éxito en esta nueva época que estamos viviendo, marcada por cambios profundos respecto a lo que conocíamos hace algunas décadas. A lo largo de los últimos años, he recorrido un largo camino lleno de experimentos, errores y aprendizajes continuos, lo que me ha permitido acumular una cantidad de experiencias y conocimientos que ahora tengo el privilegio de compartir contigo. Mi intención ha sido proporcionarte herramientas, datos y conocimientos, así como inspiración y motivación, con la esperanza de entregarte algo de valor real que te sirva, ya sea para iniciar tu viaje emprendedor o para orientarte mejor en el camino que ya has comenzado.

Si este libro ha cumplido su objetivo y has encontrado algo que te haya sido útil o inspirador, te invito a compartir tu experiencia dejando una reseña en la plataforma donde adquiriste este contenido. Tu feedback realmente es muy valioso para mí, al mismo tiempo que me brinda la gratificación de saber que he logrado hacer una diferencia. Tu comentario o simplemente la calificación de tu reseña son el mejor agradecimiento y me motivan a seguir compartiendo mi conocimiento y experiencia con otros emprendedores como tú.

www.ingramcontent.com/pod-product-compliance
Lightning Source LLC
Chambersburg PA
CBHW070205230526
45471CB00002B/827